그리운 금천錦川

국립중앙도서관 출판예정도서목록(CIP)

그리운 금천(錦川) : 채만희 시집 / 지은이: 채만희. -- 대전 : 지혜, 2016
p. ; cm. -- (지혜사랑 ; 141)

ISBN 979-11-5728-170-1 03810 : ₩9000

한국 현대시[韓國現代詩]

811.7-KDC6
895.715-DDC23 CIP2016005519

지혜사랑 141

그리운 금천錦川

채만희

지혜

시인의 말

해만 바라보는 해바라기는
그림자를 모르듯이
직장만 보고 살던 나는 바닥을 몰랐다
IMF한테 느닷없는 뒤통수를 맞고 낙엽이 되어
비로소 바닥을 알았다
바닥을 뒹구는 씁쓸한 낙엽에게
시는 위안을 주었다
그래서
시의 문을 열고 시의 궤적을 더듬으며
오달悟達을 꿈꾸었다
그러나 지둔해서 잠꼬대로
허송 10년
가위눌려있는 시편들을 모아
시집으로 묶는다
비닐봉지 같은 시간을 보낸 가족에게
미욱한 첫 시집을 바친다

2016년 봄
채만희

차례

2부 먼 길 떠나기

3부 선거, 민주의 꽃이다

4부 멍텅구리

5부 보리개떡

• 일러두기
한 연이 첫 번째 행에서 시작될 때는 > 로 표시합니다.

1부

엘리베이터

엘리베이터elevator

사모정思慕亭에는 전설이 있다
'사랑한다'고 말을 건네거나
눈을 서로 마주하면
눈물샘이 말라버린다는 전설이 있다
그럼에 그곳에는
밤에서 낮까지 눈총을 피해 살아간다
엘리베이터에는 시선을 마주하는 법이 없다
눈을 떨궈 장바구니에 담기도 하고
엘리베이터 벽이나 천정에
눈알을 껌처럼 붙였다가
내릴 때 떼어서 총총히 사라진다

누군가 가자미눈으로
'사랑한다'고 말을 건넸다
눈 총알이 자동 발사되었다
그 순간
아무 일도 일어나지 않았다

비닐봉지

점촌역 사거리 모퉁이에
담배포 딸린 성냥갑만한 가게가 한 칸 있다
그곳에서 십년도 넘게 가게를 본
내 마누라가 있다
잠이 덜 깬 아침 햇살을 열고
눈이 감기는 막차가 역사驛舍를 빠져나갈 때까지
사탕봉지의 헝클어진 시간을 정돈하거나
담뱃갑의 고요한 시간을 폈다 접는
그녀가 있다
가족의 인생까지 지키느라
손에 쥐었던 생고무보다 질긴 시간을
종일 비닐봉지에 담고 있는
신神이 있다
이게 뭐야 싶어
확 집어던지고 싶은
한사코 모아둔 비닐봉지 같은
시간들이 있다

허수아비풍선

신장개업 쇼핑몰 앞에
허풍쟁이 두 팔을 벌리고 서있다
웬걸,
훅을 한방 맞은 듯 푹 고꾸라지더니
미소 띤 얼굴로 벌떡 일어나
허공에 별을 뿌린다
몇 번이고 넘어져도 또 다른 몸짓으로
꿈틀꿈틀 일어선다
바람이 그의 고단한 몸을 지탱하는 것이다
배꼽티 아가씨들과 함께 춤을 추며
행인에게 웃음을 던진다
고객감사 대잔치 풍선이 무지개 터널처럼 걸려있다
이벤트에 참여하시고 100% 행운도 받아가세요
오늘은 왕창세일 푸짐한 상품을 드립니다
확성기 수다가 장맛비처럼 쏟아진다
행사가 끝나고
한 몸을 지탱한 바람의 정체가 드러났다
슬픈 빈 자루처럼 푹 접히는
비닐 천 한 조각

거미

가부좌 튼 발이 골똘하다
참선을 하는지 벼랑에 고약처럼 달라붙어
넋 놓고 있다

스스로 벼랑에 길들여져
이제 발 뺄 수도 없는 노릇이다
아침이 지나고 또 종일 발꿈치 괴고앉아
화두 하나 물고 있다

애써 쳐놓은 그물은 덫이 아니라
힘센 놈에겐 더 높은 곳으로 날아오르는 디딤판일 뿐
약한 놈들 몇 붙들려 죽음을 살고 있는
흔적을 남길 뿐이다

고독 끝에 발 걸고 있다
약한 것들을 옥죄거나 그들에게 빨대나 꽂아
찔끔찔끔 피나 빨 궁리로 면벽하고 있다

영덕대게

수족관 앞에서
한 무리 사람들이 대게를 흥정하고 있다
대게를 가리키는 그들의 손가락에
봄 햇살이 향기롭다
그들로부터 선택 받은 게가
아낙의 쇠꼬챙이에 붙들려 나온다
버둥거리는 게다리가 붙잡을 수 있는 것은
허공뿐이다
게다리가 안간힘으로 붙든 허공 안에서
봄 햇살이 팽팽하게 부풀어 오르고
수족관 밑바닥을 기어 다닌 한 생애가
마지막 거품을 문다
거품과 엉키는 게다리가 허공을 붙잡고
버둥거리지만
끝내 찜통 속으로 가물가물 사라지고
세상은 사람들의 북적임으로 적막해진다

그 적막 속에서
사라진 게다리가 느닷없이 나를 붙잡는다
게다리에게 붙잡힌 내 몸이
딱딱하게 굳는다
사라지면서 마지막으로 게다리가 붙잡은 것은

허공이 아니라 세상의 밑바닥을 기어 다닌
피갑의 내 생이었다

소낙비

아내가 옷장을 뒤적거리고 있다
동창 모임가려고 한동안 이리저리 옷걸이를
흔들더니 중얼거린다

이건 철이 지났고
이건 빛이 바랬고
이건 구닥다리고

그녀의 지청구가 번개 친다
먼저 옷들에게 퍼붓고 다시 한 옥타브 높여
가냘픈 나의 수입을 탓하며
퍼붓는 소낙비다

내 잔등에 퍼붓는
오늘의 소낙비는 큰 피해가 없어
다행이다

외상

농사지으며
법 없이 사는 정 씨
주막에 갔다

섣달그믐이니 그 동안 밀린 외상값 갚고 드시오

사람 좋기로 소문난 정 씨
주모 박대에 머쓱하여 흙마루에 걸터앉아
마른 입에 담배를 피워 문다
술 내올 기미는 없고,
그때 우리를 뛰쳐나와 신명이 난 돼지가
고두밥멍석에 건달처럼 들어섰다

그 장면을 늦게 발견한 주모
돼지를 좀 내치지 않고서는……

정 씨는 담뱃불을 비벼 끄면서
난 돼지가 외상값 갚고 먹는 줄 알았소

정 씨의 한 해가
외상으로 저물고 있다

담쟁이

세상은 걷기 시작할 때부터 절벽이다
얼마나 메마르고 단단한지
끝없이 잇대어 쌓은
이쪽과 저쪽을 가르는 담장,
혼신의 힘으로 막막한 담장을 붙들고 있다
담장이 물렁해지도록
악착같이 달라붙어
여리고 여린 손 되짚어 이파리 흔들며
높은 곳으로 기어오르고 있다
기는데 이골 난 몸 하나로
벅찬 숨 몰아쉬며
크고 단단한 걸 손아귀에 쥐는 것이다
시뻘건 욕망의 손 뻗어
눈과 비바람에는 주먹으로 맞서면서
높고 푸르게 오르고 오르다가
절벽의 끄트머리 어디쯤
거친 숨결 지친 생의 기록을
담장보다 더 단단한 점자點字로 남기고
가물가물 메마르는 것이다

잠자리

잠자리가 풀잎을 스쳐 공처럼 튀어 올라
보이지 않는 금을 그으며 허공을 맴돌더니
풀잎 끝에 가까스로 내려앉는다
그가 그어 놓은 금이 그늘이 되어 따라 앉는다
바람이 풀잎의 끝을 흔든다
흔들림을 따라 그늘이 흔들리고
잠자리의 날개가 잠시 균형을 잃는다
날개의 실핏줄이 얽히더니 다시
허공으로 튀어 오른다
그래, 지상은 안식처가 아니야
날 세워 사는 게 세상이야
지상의 서슬 푸른 칼날들은 반짝거리며
끊임없이 너를 향하고
보이지 않는 금들이 촘촘한 거미줄처럼 얽혀
너를 기다리는 것이다
날갯짓만이 삶이다
그곳이 비록 애달픈 허공일지라도
그 허공을 더욱 깊게 넓히는 길일지라도
그것이 너의 삶이니

제비

늦은 밤 처마 밑 전깃줄에
한뎃잠을 자는 제비를 올려다본다
새끼들 먹이 물어 나르느라 분주했던 피곤한 밤도
새끼들에게 방 내어주고
늘 나란히 어깨 걸고 잠자리하던
제비 부부

어찌된 일일까?
저것 좀 봐 한 마리 어깃장으로
앵돌아져 잠을 자고 있다

땅 바닥에는 주둥이 노오란
한 번도 소리 내 울어본 적 없는 울음 덩어리
고개 숙인 발치에 너부러져있다
미동조차 없는 핏덩이
달빛이 애애히
핥고 있다

아픈 곳이 없는데 아픈
창자가 녹아내리는 평온한 저녁이다
그 울음 위에 제비꽃 한 송이
얹어주고 싶다

어머니

아내가 표고버섯을 널고 있다
발 위에는 올망졸망한 새끼거북들이 뒤엉켜
등은 갈라지고 몸도 쪼그라들었다
분주하게 이들을 떼어놓으며
누가 묻지도 않았는데 태연히 중얼거린다
바람에 씻어 말려야지
오래도록 습기만 견뎌왔지
가벼워지기 위해 맑은 바람 속으로 걸어가야지
싱싱한 볕을 몸에 듬뿍 쟁여 넣어야지
그래야 영양가가 열배는 높아지지
지지지 지지 주문을 왼다

이제껏 내 입으로 들어간 것들이
젓가락으로 잡아먹고 숟가락으로 몰아넣은 것들이
주술을 넣은 당신의 사랑이란 말이지
잠시 생각이 목에 걸렸는데

가을 햇볕이 내 등을 찌르기에 뒤돌아보니
헐, 어머니가 볕 좋다
볕 좋다 하신다

파리의 기도

먹고 사는 일, 기도의 대상이다

작은 창자 채우려고 오늘도
그대가 혼신의 힘으로 밀어낸 오물에
쉼표처럼 달라붙어 두 손 싹싹 부비며 기도 한다
그대가 버린 것들
똥덩이나 쉬어터진 밥알, 짓무른 수박 알껍데기
거름더미에서나 썩어 나자빠질 것들
통째로 만발공양이다

알맹이는 일찍이 그대의 몫이니
결코 넘보지 않았다 간혹 그대가 잠들었을 때 흘린
영혼의 땀방울에 나의 날개를 가만히 적시며
잠들기도 한 나는 집조차 없는 무소유를 실천하는 선지자다
저장해두지 않으므로, 아서라
재물이나 권력 같은
그대가 버린 것들 앞에
경건한 나의 기도까지도 용납하지 않는 그대
오로지 폭력으로 나를 덮친다
부처의 손바닥을 닮은 그대 손바닥이
우주의 힘으로 적의를 품는다
그대 앞에서 한없이 바장대며 비비는 손바닥은

그대의 달디단 알맹이를 훔치려는
예비된 동작이 아니라
내 안을 살피는 기도의 몸짓임을

그대여
범사에 감사할 줄 아는 맑은 내 영혼은
그대가 껍데기라 생각하고 버린 것들을
달게 받았기 때문이다

사랑의 진국

안동에 할매국밥집,
옆자리에 앉은 생면부지 노인이 나를 향해
젓가락머리를 탁탁 두드리며
“먼저 먹습니다” 하신다
그 무렵 맞은 편 안노인은
숟가락으로 건진 고깃점을 영감 국그릇에
자꾸 자꾸 옮기고 있다
“나도 많다 마”
추임새 같은 건성虔誠에 엉긴 정이
오래 묵은 간장 같다
벌벌 떠는 숟갈로 훈김까지 비우시고는
지팡이에 이끌려 마지못해 문을 나서신다
굽은 허리지고 자축자축 걷는 노부부
저리 땅을 물고 가면 저승 또한 얼마나 환할까
꼬부랑길 바라보는 내 눈길에서
낯익은 그림자가 일렁인다

2부

먼 길 떠나기

먼 길 떠나기

고요한 숲 그늘에
방금 죽은 매미의 울음이 숲 그늘로 누워있다
개미들이 매미의 울음을 한입 떼어 물고
어디론가 떠나고 있다

신미년 시월 스무엿새
그날따라 할멈 뭐 그리 급했던지
혼자서 점심 장만하다 말고 황급히 먼 길 떠났다
천년의 혼절 속으로 길 떠났다

그런 줄도 모르고
마을 뒤 선산 들렀다가
손녀 손에 이끌려
어정어정 대문에 들어선 영감
할멈을 와락 안으며 이럴 줄 몰랐다 이럴 줄…
벌써 몸 반쪽이 허물어져
손바닥으로 부엌바닥 치며 목쉰 소리를 낸다

그 울음은 부엌문을 나서지 못하고
점점 바닥으로 잦아들었다
어디선가
울음을 한 입 떼어 문 개미들이 몰려와
잦아드는 울음을 지켜보고 있다

그 겨울밤

간간이 눈송이가 떨어진다
찬바람을 목에 둘둘 감은 적갈색 대게들이
리어카에 엎혀 끌려가고 있다

영덕 대게여 영덕 대게여

긴 여운이 내 귀를 까닭없이 서럽게 한다
알전구 불빛에 훈김이 레테강의 안개처럼 피어오르고 있다
호명하는 제 이름을 못 듣는 붉은 미라들
영덕대게라고 끊임없이 부르짖는 목소리로
한 생명은 상품이 되어 팔려간다

우리들은 영덕대게의 껍데기처럼 누워 있다
누군가가 끌고 가는 리어카에 누워
막막한 뒤안길의 밤을 지새우고 있는 것이다

영덕 대게여 영덕 대게여

우리를 부르는 구슬픈 목소리에
자꾸만 정신을 놓아버리는 겨울밤이다

문

방마다 들어가는 문이 있다
건넌방에는 첫째 아이의 방문이 있고
작은방에는 둘째 아이의 방문이 있고
안방에는 아내의 방문이 있다

그들의 방문을 열면
그들은 그들의 방에서 방문을
잠그고 앉아있다

그들의 문 앞에 서서
그들의 문을 연다 그들의 문은 완강하다
그들의 밖에서 잠긴 저 빗장,
내가 가진 열쇠로는 열리지 않는다
그 안에 있는 첫째 아이, 둘째 아이, 아내, 그들은 누구인가?
또 그들에게 나는 누구인가?
그들의 밖에서 그들을 찾는 내 가슴의 문에도
단단한 빗장 하나 걸려 있다

그들이 내 문 밖에 서서 나의 문을 두드리고 있다
나는 더 견고하게 문을 닫아걸고
내 방에 웅크린다

하루살이

노을 앞에서
내일을 부정하며 벌리는 춤판이다
분홍빛 날개를 단 하루살이
팔자를 그리듯이
무한대의 금을 따라 앞서거니 뒤서거니
다투는 듯이 짝을 찾아 비행하는
황홀한 축제현장이다

노을은 점차 어둠에 휩싸이고
무덤으로 가는 길처럼 어두운 모퉁이에 누워있던
바람이 일어서고 있다

그렇게 수세기를 흘러왔을 것이다

의지의 날개 팽팽히 곤두세워 보지만
사랑에 눈 먼 날개들 곧 추락하여 바닥으로 잦아드는것이다
끝없는 영원이다

멍게

바닷가 횟집에서
친구들과 어울려 멍게를 먹는다
흰 쟁반에 껍질을 깔고 노오란 멍게살이 놓여있다
소주에 젖은 추억과 추억 사이로
바닷바람이 파도소리와 함께 흐르고
취기가 멍게 향으로 피어날 때
한 친구가 멍게껍질을 씹어 삼키다 울컥 뱉는다
껍질과 살의 착각
껍질은 안주를 떠받치는 깔개일 뿐
안주가 되지 못하였다
웃음이 멍게 향처럼 노오랗게 퍼진다
웃음의 꼬리는 또 다른 웃음의 꼬리를 물고
파문으로 일어난다
그 웃음이 만들어 내는 주름이
멍게 껍질을 닮아있다
멍게껍질처럼 울퉁불퉁하게 메말라가는
육십 고개를 넘긴 친구들의 얼굴
한 생이 멍게껍질처럼
세상의 쟁반 위에 안주를 떠받치고 있다

경계를 測하다

호박순이 담장을 넘어왔다
넝쿨의 손마다 허공을 움켜쥐고 막무가내 넘어왔다
내 것의 징표로 담장에 철조망을 두르고
정수리에 유리조각 박아놓았건만
마당까지 점령했다

경계는 맨몸으로
이쪽 담장과 저쪽 담장이 맞붙어서
팽팽하게 서로를 겨누며
으르렁거렸다

그 끝없는 다툼 사이에서
푯대위에 눈금을 박아 증표를 남기고
귀를 말아 뽈대*처럼 서있었다

넝쿨손을 조준하던 그 많은 눈들
진흙 얼굴을 하고 있다
경계는 땅거죽에 칼금을 그어 상처를 내는 일
토털스테이션**십자선 안에서 금 밖으로 내다보면
세상은 심장과 심장에서 불꽃이
끊임없이 일고 있다

* pole : 측량에 쓰이는 긴 막대.
** 각도와 거리를 함께 측정할 수 있는 측량기.

임호네

임호는 거대한 확성기였다

동네 모이소
부역 나오소

그가 박산잿마루에 올라
허공에 길게 목을 빼고 손나발로 외치면
그의 메아리가
마을을 쩡쩡 울렸다

박산재 너머
외딴 오두막에 살고 있는 그는
확성기 역할 말고도
중요한 소임이 하나 더 있었다
잔치 때 돼지 잡는 일이다
그가 네 발 묶여있는 돼지의 목덜미에 올라타고
시퍼런 칼로 멱을 찌르면
돼지는 생의 마지막 울음과 비명을 질러
온 동네를 흔들어댔다
뚫어진 구멍으로 푸푸 거친 숨 몰아쉬며
선지 같은 피를 양동이에 토해냈다

>

이런 날이면 어김없이
그의 아내도 큰일 집에서 숨 가쁘게
허드렛일을 도맡아 했다

사람이 사람을 함부로 했던 시절
그와 그의 아내는 웅숭깊은 응달이었고
그 바깥에서 마을 사람들은
눈부시게 술렁거렸다

독도

— 동문東門

대한민국의 섬, 독도獨島는
동경 132° 북위 37° 교점에 우뚝 솟아 있다
우리의 동해에 세수한 일출이 우리 대문꼭대기에
가장 먼저 얼굴을 내미는 곳
보아라
우리의 맥박으로 펄럭이는 선명한 태극기를
국토의 동문東門이다

허드슨 강 어귀의 리버티 섬에는
자유의 여신상을 세워놓고 이웃끼리 우호도 증진하고
더 나아가 평화를 다지는데

무궁화 향기 드높은 우리의 동문을
국토의 바깥이라 이름 지어 억지로 우기다니
감히, 왜놈 네 것이라니
죽는 날까지 수억만 배 사죄해도 시원찮을 일 망각한 채
입맛을 다시며 마시케다라니
그 따위 발림수작에 도둑놈 심보 먹으니 되는 게 없지

런던에서 보지 않았느냐
하늘 높이 펄럭이는 태극기를, 축구를, 유도를
체조를, 사격을, 펜싱을……

>

왜 눈에 탐나는 건 전부 네 것이냐
가련한 족속들 누가 뭐래도
독도는 대한민국 경상북도 울릉읍 독도리
지배권리, 국토의 동문東門이다
평화이고 자유이다
대한민국의 섬이다

내비게이션navigation

내비를 찍었다
목적지에 '크레타'를 입력하자
거역할 수 없는 목소리로
전방에 슬픔이 가득한 낙석 구간입니다
누군가가 말한다
슬픔이 낙석으로 당신의 가슴에 쏟아질 수 있습니다
다음 안내 시까지 직진입니다
(슬픔에는 후진이 절대 없습니다)
나는 슬픔의 낙석 속으로 붕붕 날아가다가
길을 잃고 쳇바퀴를 돈다

쳇바퀴의 슬픔이 보인다

낯선 길 위에 서성이며 안절부절
두리번거리는 동안
내비는 자신을 책망하는 듯 잠시 말이 없다가
다시 길을 뚫어 안내를 시작한다

미궁 속에서 허둥댄 적 있지 않나요?
곧은 길 버리고 굽이굽이
몇 굽이를 돌아치진 않았나요?

>

갑자기 캄캄한 무덤 같은 터널 속으로 들어섰다
어둠이 나의 궤적을 친친 감아오고
내가 버린 곧은 길이
세상 바깥의 지평선으로 떠오른다
(생에는 후진이 절대 없습니다)
달리세요 앞으로 쭈욱
이제 당신이 버린 곧은 길이
당신을 기다리고 있습니다

통영, 활어시장

고무다라는 아낙들에게 밥그릇이다
장화 신고 챙모자 쓰고 비닐 앞치마 두르고
다닥다닥 붙은 밥그릇 앞에
중무장하고 앉아 있다

어느 아낙과 흥정을 끝내고
눈부신 비린내를 밟고 내 차례를 기다린다

저승사자 손아귀에 붙잡히면
먼저 입부터 따악 벌린다 간절한 애원도
떼쓰며 뿌리침도 소용없는 일
곧바로 멱이 따인다
배를 열어 바다를 꺼내 천천히 흘려보낸다
푸른 몸짓으로 풀어 헤쳐진다
분리된 살은 한 바가지 물세례를 받는다
살점은 흰 수건에 돌돌 말려
조물조물 물기 빠지면
하나씩 하나씩 차례로 도마에서 곱게 썰린다

가히 포정해우의 경지다
삶이 수습되는 게 참 순식간이구나 싶다

>

도시락 담긴 검은 비닐봉지를 건네며
'아저씨, 오늘 많이 준거여'
나를 향해 씩 웃는다

벽시계

새벽에 잠이 깨 귀가 열렸다
끊어진 잠의 바닥에서 수면위로 눈을 떴다
이전에는 귀가 둔해
우렁찬 소리밖에 듣지 못했는데
다른 날짜로 옮겨가는 그 발자국소리가
또렷하게 들린다
가슴팍에 대못 하나 박고
팔 흔들며 걷다가 몸 포개기도 하고
바르르 떨기도 하며
가뭇없이 걸어가고 있다
발자국소리가 이명처럼 들리더니
내 몸속으로 들어왔다
나는 다시 까무룩 잠들려 해도
귀는 살아 가라앉아있을 뿐
어느새 그의 걸음에 보조를 맞추며
보이지 않는 세계로 걸어가는
나를 보고 있다

어느 휴일에

일요일, 소파에 번듯이 누워
시를 읽다가 확성기 수다에 귀를 말아 세웠다
생활시 낭송이 장난이 아니다

두부 두부가 왔 심 미 다
따끈따끈한 손 두부 구수한 순 두부
맛좋은 도토리묵 메밀묵
청국장
오뎅이 왔 심 미 다

뚝배기에 된장 끓듯
태양이 펄펄 끓는 이 한낮에 따끈한 손두부?

이걸 시원한 손두부라 해야 하나
그대로 둬야 하나 첨삭을 해 본다

그래, 시는 첨삭이 필요하지만 생활에는 첨삭이 없지

원주식당

혀는 '식당'을 발음하지 않는다
친구야 '원주서 만나자' '원주로 와' 이런 식이다
어떤 넘은 진짜 원주로 간다
그래도 왜가리 저녁둥지 찾아들듯이
용케 찾아와 시끌시끌하다

같은 걸 알고 있는 친구끼리 우정을 증명해보이며
모 없는 술잔으로 술을 마셔도
마음은 늘 팽팽해졌다가 느슨해졌다가를 반복한다
'내 옳니, 네 옳니'하며 사마귀 대가리 쳐들듯
홧홧해져 의리를 흩뜨려놓기도 하여
오래, 좋지 못할 때가 있다

꽈배기의 원조 심삐딱의 무람없는 농지거리에
이골 난 원주댁, 그에 뒤따라 비트는 대사까지
훤히 내리꿰고 있다
간혹, 손바람에 수저가 떨어지는
그 작은 소리에도 귀신같이 곧 바로 새 걸 챙겨준다
원주댁은 목화꽃처럼 웃기도 하는데
도량이 두둑하다

그런데,

기롱부리다 쪼인트 까진 심삐딱 얘기 들어보면……
꼭 그렇지도 않다
담배는 나가서 펴야 한데이

홍알홍알 딸꾹 딸꾹
어쨌든 원주는 관대한 친구들의 둥지
에~또 내 둥지다

어느 술자리의 기록

해질 무렵, 술을 마신다
친구라는 사내와 마주보고 거푸 잔을 기울이면
노을은 친구의 얼굴에 걸리고
서녘이 어둠으로 깊어갈 때
부풀어 오른 가슴 속에서 또 다른 친구가
난데없이 나타나 언성을 높인다
그의 입에서
뱀 혓바닥처럼 날름거리는
자음과 모음이
친구라는 사내의 슬픔을 더욱 슬프게 하고
상처를 입히는 것이다
입 안 가득 넘치는 상처를 씹으며
가시를 뱉어놓는다
기쁨에게 시기를 사게 하고
슬픔에게 상처를 안겨 주고
스스로 너덜너덜해진 바닥이 되어
상처를 부려 놓는다

3부

선거, 민주의 꽃이다

선거, 민주의 꽃이다

민주의 정원으로 간다
색색의 꽃들이 향기와 빛깔로 모여 있다
우리의 토양에서 자라난
빨강, 보라, 주황
민주의 형형한 꽃들이 팔을 벌리고
아침 해를 맞으며 향기의 소리로
노래 부르고 있다
봄바람이 분다
생명을 깨우는 봄바람 속에서 분주하게
잉잉거리는 벌의 날갯짓, 새 세상을 부르고 있다
그대 정원에 우리 모두 꽃으로 피어날 때가 아닌가
이는 우리 시대 사랑의 맹세이며
열렬하게 기다리는 미래의 약속이다
이럴 때 눈 밝은 우리
눈 부릅뜨고 다시 지켜보아야 한다
오늘의 굳은 그 약속이
지켜지지 않는 슬픈 사랑의 말은 아닐는지
헛되이 맹세하는 것은 아닌지
다짐하고 지켜 볼 때
먼 미래의 꽃으로 피어나 드디어
번영의 열매가 되리

흔들리지 않는 뿌리로

다시 유월이 오고 있다
살과 피가 위험한 짐승의 이빨 앞에 놓인
지치고 힘든 60년 전 유월에도
우리들은 뼈를 세워 맨몸으로 일어났다
오로지 역사의 흙속으로 깊이 내린
뿌리의 힘으로
얽히고설킨 잔뿌리의 가녀리면서도
결코 중심을 놓지 않는
뿌리의 힘으로
이 땅의 민주를 지키며 역사를 세웠다
다시 유월이 오고 있다
한층 더 성숙하고
한층 더 깊이 내린
이 땅의 중심을 지키는 뿌리의 힘으로
줄기 푸르게 물들이는 그 기개로
우리들에 의한
우리를 위한
민주의 꽃을 피워
향기로운 우리의 미래를 열어가자
민주의 열매를 거둬들일 그날이 올 때까지
흔들리지 않는 뿌리가 되어
이 땅의 중심이 되자

구제역

— 예찰팀 구성, 대책상황실 운영

구제역에 걸린 돼지를 소를 생매장하여
두툼하게 무덤을 만들었다
그대, 땅으로 돌아가도
땅은 조금도 두터워지지 않았다
날씨가 풀리자 무덤은 터진 옆구리로
검은 눈물을 지겹게 쏟아내더니
고스란히 주저앉았다
그때 빠져나온 시취尸臭는
마을 안 깊은 곳까지 기세 좋게 밀고 들어가
사람들의 속을 흔들어댔다
이미 불온한 공기로 사람들의 얼굴은 창백하다
그러나 누가 호의를 베풀 것인가

해마다 그랬듯이
우울에 몸 내맡겨진 마을사람들에게
위대한 동네사람들은 모두
바람 탓이라 했다

까먹다

주방에 들어갔던 그녀가
금세 거실로 나와서 뭐를 가지러 갔었더라
습관처럼 리모컨 어디 두었더라
폰을 어디 두었더라
전화를 건다

가청지역도 점점 더 줄어들어 아득해 지는 것 같다
요즘 그녀는 뭐든 잘 까먹는다
힘들고 어렵게 산 기억도 까먹고
껍질째 삶은 감자도 잘 까먹으면서 기억의
알맹이도 잘 까먹는다

사실은 나도
내 나이를 까먹고
내 목숨심지가 얼마 남았는지 까먹고
그냥 산다

도자기

나 오로지
그대 두 손끝으로 가리키는 그 길을
따라가리라

그리하여
빈 공간을 만들어 놓고
한때 가슴 깊이 뿌리내린 외로움
한때 뜨거웠던 눈물
더불어
흙 향기 가득 채워질 때까지
익숙히 불꽃 끌어안고 불길로
흐르리라

사금파리 같은 망치를 벗어나
그대 손길에 이리저리 두들겨 맞으며
잘 구워진 그릇이 되어
시험에 들리라

강 1

김용사 소리 계곡에
후끈거리는 발을 담그고 앉아있는데
나뭇잎 하나 떠내려간다
그때 산 모기들이 텃세를 부리며
내 몸에 시추봉을 꽂는다
나뭇잎은 헤엄치듯이 물 밑으로 가라앉았다가
물 위로 치솟았다가 이냥 사라졌다
참 가볍게도 떠나가는구나
하는 말끝 아득한 거리에 고해苦海의 행렬이 보인다
흐르는 물은 시간의 또 다른 은유다
물을 붙들고 귀 기울여보면
돌멩이들의 가슴 깊은 곳에 꿈틀거리는
앓는 소리를 들을 수 있다
입술을 부풀리고 내는 물소리가 아니라
구르며 닳고 긁힌 상처 받은 것들의
볼멘소리인 것이다

강 2

인간은 강을 길들이겠다고
강의 여울목을 옭아매고 움직이지 못하게
숨통을 조인다

강은 감시와 억압 속에서도
그 폭발적인 광기를 억지로 힘쓰지 않는다
강은 악취가 코를 핥아도
순순히 받아들인다
온갖 불모와 고갈을 생각하면서도
수많은 파문을 새기면서도
말없는 저 강물

그 본연한 순미를 강의 숨통이라 하자
불안감에 시달리는 미로 같은 인간도 하나의 강이다
이제 예순의 눈 지긋이 감아보니
이 세상에 머물러 있는 것은 아무것도 없어라
바람도 구름도 파문도
하여 그 기운을 억지로 막지 말지니
강은 반듯이 되갚아준다

그대의 마비된 의식은
끓는 물처럼 완강한 힘으로 결국
자신을 허물어버린다

강 3

아무도 없는 강가에서
흐르지 않는 강을 바라본다
강의 가슴에는 풍경이 흐르지 않는다

침묵하는 풍경들
푸른 물소리를 잃어버리고
물새들도 침묵 속에 몸을 웅크리고 있다

노을 냄새를 맡으며
반짝반짝 물위로 뛰어오르던
은빛 물고기들
내 기억 속의 강은
늘 푸르고 깊기만 한데 이미 강은
숨이 죽어 있다

아름답게 남아있는 내 유년의 그리움을
끝없이 좌절케 한다

호박

밭뙈기 하나 갖지 못한 호박이
배추들로 가득한 배추밭 혹은 고추 다 심은 고추밭
구석진 밭두덩에 잡초들 틈 비집고
습관처럼 몸 일으킨다
터를 갖지 못한 네 뿌리는
떠돌다 허공을 휘감아 뿌리에 뿌리내리다
이름 없는 풀잎에 기대어
흙 한줌 움켜쥔다
지향 없는 너의 손이
오늘 밤 나의 가슴을 휘감아 오른다
아니 뿌리 내리지 못하고 중심에서 밀려난
내 생의 손이 너를 휘감아
오르는 것이다
허공과 허공이
서로의 몸을 휘감아 오르는
봄밤이다

폐기물

그가 세상을 떠나기 전
한 달 동안 그의 휴대폰은 두 번 울렸다
그나마 그 울음소리도 잠시
통화 끊듯 끊어졌다

어제도 혼자였고 오늘도 혼자였다

건축폐기물처리장 더미 속에
그 이름조차 까맣게 잊은 시신일부
그의 지문만이 따라 왔다
극심한 두려움과 고독 속에 남긴 한 마디가
지문에 새겨져 있었다

무섭고 쓸쓸해요

아무도 그의 못 다한 적멸을 거들떠보지 않았다
통장에는 589만원이 있다 카더라
그는 철거예정인 주택에 혼자서 살았다 카더라
이웃의 수다도 이 일만은 해골처럼
몰랐다 카더라

신호등 앞에서

신호등에 걸린 트럭 위에
도살장으로 끌려가던 황소가 붙잡혀 있다
태어나는 것들은 죽음에 붙잡혀 죽음을 피할 수 없다
누군가가 정해 놓은 신호에 따라
세상 바깥으로 실려 가는 것이다
비로소 한평생 쌓은 등짐의 무게만큼 무거운 짐을
도살장에 부려놓을 것이다

“내 여덟 살 때 아배가
작은 지게를 만들어 줬는데 한번 등에 붙은 지게는
평생토록 안 떨어지는 기라
그동안 내가 진 등짐이 가슴에 들어있는데
이걸 니가 꺼내보면 모르긴 몰라도
트럭으로 몇 대는 될 끼다”

그랬던 아버지
피댓줄에 걸려서 먼지 밥 먹으면서도
평생, 지게에 자신을 지고 다녔다
가는 곳도 모르면서 지고 다니다가 어느 날
이 세상 밖으로 걸음을 옮겼다
지고 갈 건 없었다

>

어느 새 홀로 남은 신호등
붉은빛으로 바뀌었고 신호등 앞에 트럭 하나
묵묵히 서 있다

하회탈 이야기

버스도 오가지 않는 동네
산밑 외딴집 사립문을 기웃거리던 건달이
마당으로 들어선다

대뜸, 칼을
할매 목에 들이대며
"벗어"

할매, 머뭇거리며
"하도 오래 안 해 될라?"

"아니 그거 말고"

"그케"

할매, 무르춤해 있는데
건달, 턱으로 목걸이를 가리키며
"사건이 발생해서 수사하러 왔소 장물인지 아닌지
확인한 뒤 돌려주겠소"

"그케 그케"

>

다음 날
생기 없는 말이 사립문으로 새어나왔다

"홈친 기라고? 캐서
하도 분해서… 아 글씨
벗어 조짠니껴"

적막에 앉다

점촌 상신기 맛탕집 앞에
적막이 가득한 공중전화 부스를 만날 수 있다
벗겨진 피복, 찌든 얼룩, 오랜 노숙의 몰골이
제 그늘에 묻혀 있다

주화 몇 닢 날로 삼켰다고
종주먹이 날아오고 발길질에 개 같은 말로
욕먹던 시절 있었지
몰아세우는데 익숙한 사람들
유독 힘줘 눌린 숫자들 짤깍 잘라먹고
잡음 속에 숨었다고…

여보세요 여보세요
손끝에서 숫자들이 나를 부르고 있다
줄지어 차례 기다리며
그리움에게로 슬픔에게로 가는 말들이 태어난 곳
이제 옹골찬 문자가 되지 못해
찬밥 신세

횡행한 적막에 앉아
유리창 너머로 행인들 손에 든 핸드폰이나
망연히 바라볼 뿐이다

음주운전

구름다리 건너 탕 집에 가면
허리에 깁스하고 부목 짚고 서있는 앳된 목련
한 그루 만날 수 있다

아! 멀건 대낮에 날벼락이지
어떤 시러베자식이
무단히 저 년의 허리를 들이받아
속살까지 상처를 내고 술내 풍기며
꽁지 빠져라 도망을……

몸을 빠져나온 점액질이 지르르
아랫도리를 적셨는데
물질이나 제대로 할 수 있을는지 몰라
이래봬도 요것이 효자여 효자
똑같이 물어내라항께 삼십만 원 주더랑께

어찌 무연으로 서있었겠나
아버지 다리줄기 아파 입원했을 때
나도 효자인 척
이파리로 흔들린 적 있다

노란리본

바다가 노랗다

아이들, 개나리처럼 웃다가
창졸간에 나비가 되어 어디론가 날아갔다
노란 날갯짓만 남기고

잠시 반짝이다 떠난 그들의 다음 생이 보이지 않는다
절규를 뒤로한 바다는 슬픔의 노란리본이 될 뿐이다

(2014년 4월16일 오전 8시50분)
"살려주세요"
 선장은 어디를 가고…?
"이동하지 말라"
 방송만…

나비들은 흔적조차 사라졌다
팽목항, 무한 허공으로 열린 바다를 물끄러미…
바라보는 부모들의 명치는 얼마나
아플 것이냐

갈매기만 울어라 통곡의 가슴만 울어라

>

노란 나비가
바다 속으로 젖어들어 아득히 사라지는데
우는 목울대만 울뿐 어느 곳에도
눈과 귀는 없어라

바람과 파도만을 종일
TV는 비추고 있었다

무덤속의 말

갈대밭에 말을 풀어 놓으면
맑은 나귀가 되고 나귀는 당唐을 거쳐
당나귀가 되는 것이다

숱한 세월 흘러갔어도
갈대숲에서 귀를 말아 세우면 임금님 귀는
당연히 당나귀 귀가 된다

바람의 말을 받아먹은 갈대들
그들의 마른입을 통해 우리들에게 이어졌으니
어쩌면 우리 공범이 아닐는지

귓전에 머물러 있는 게 말이 아니라
억새의 흰 머리칼처럼 가벼운 혀끝에서 마른 꽃잎 같은
입술로 번지고 퍼지는 것이다

4부

멍텅구리

멍텅구리

눈밭에 꽁초를 버린다
유난히 빛나던 쓰레기를 구둣발로 스윽 문지르자
꽁초는 감쪽같이 눈밭에 묻혔다
내가 무심코 던진 쓰레기를 받아먹고도
눈밭은 백지처럼 하얗다
하얀 네 얼굴에 대놓고
병신 멍텅구리야
하고 쏘아붙인 내 차가운 말에도
너는 간혹 차가운 몸짓으로 벽처럼 굳어지더니
고요함으로 덮어버린다

봄이 녹으면서
눈밭에 딱딱하게 굳은 언어들이
하나둘 벗겨지기 시작한다
그대가 덮어버린 그대의 침묵 배후에서
서서히 모습을 드러낸다

변하거나 삭혀지지 않은 채
눈밭에 꽁꽁 덮여있던 둥근 것들은 둥글게
뾰족한 것들은 뾰족하게
반응하는 것이다

어느 가을에

주왕산에 갔다가
도토리를 줍는 등산객을 보았다
부족한 게 없어 보이는 사람들이 악착같이
도토리를 긁어모으고 있다
비닐봉지에 가득
주머니에 뿔룩
다람쥐가 돌 틈에 숨어
두 손으로 얼굴을 가리고 수줍은 듯
허기진 사람들을 빤히 본다
무단채취 반출 3년 이하 징역 또는
3천만원 이하 벌금
다람쥐가 말은 하지 않았으나
그 따위~아랑곳없다
도토리 주인은 다람쥐인데
상실橡實이 상실되는 현장이다
아무도 다람쥐의 신음소리는 듣지 못했다
사람들의 허기로
가을의 주왕산은 하염없이
벗겨지고 있다

고양이

어스름 짙어질 무렵
고양이 한 마리 어둠 속으로 숨어든다
담벼락의 어둠이 고양이의 덩치만큼 짙어지고
어둠 속에서 고양이의 두 눈만이
형광으로 빛난다

어둠 속에서 빛나는 섬뜩한 섬광

동공은 두려움을 벗어나려고 했으나
광선의 응시가 이미 나를 꿰뚫고 지나간 뒤였다
몸 안에 숨겨진 것들이
X-ray사진처럼 모습을 드러낸다

발톱과 이빨에서 깨어나는 살육의 본성

어둠에 웅크려 발톱을 핥으며
부드러운 살과 향기로운 피를 꿈꾸는
저 찬란한 빛

어느새 내 젊은 날의 푸른 고양이 한 마리
걸어 나와 내 안으로 몸을 숨긴다

국군체육부대

오정산 아래 명당
황금 닭이 알을 품은 서기어린 터전에
국군체육부대가 우뚝 서 있습니다
사시사철 굽이져 흐르는 맑고 푸른 영강이
경기장을 감싸 안았습니다
주경기장에는
축구, 사격, 사이클 등
25개 종목의 국가대표를 육성하기 위하여
땀을 흘리고 있습니다
그 옆에서 태극기가 펄럭이고
만국기도 나부낍니다
그대에게 희망을 뿌려 줄 것입니다
그대의 열정은 밤하늘에 별이 되어
강물에 반짝일 겁니다
오정산 아래 서기어린 명당
국군체육부대

유전무죄

거미줄에 걸린 벌
작은 날개 파닥 파닥거리다
힘을 다 소진하였는지
미동도 없다가
거미줄을 걷어 주자
순간, 두 날개 폭발하듯 저으며
속 시원히 날아간다
빛의 속도다
웽,
소리가 만든 금을 따라
한 생각이 내게 날아오는 것이었다

남의 일 간섭하는 그대여
어쩌란 말이냐
거미 끼니

시계

나이는 먹는다
그래, 나이를 먹는다고 한다

빈 쌀독의 굶주림에도

벽시계까지

시계 밥 줘라
……
욕먹겠다

밥값 하느라
시계는 오늘도 나에게
나이를 먹인다

가자미

두눈이 한쪽으로 쏠린 가자미들이
바닥의 깊이로 깊어져 수조 밑바닥에 가라앉아있다
산소공급기는 신열 앓듯 버블버블
소리를 낸다
그 바닥에 내가 있다
느닷없이 소용돌이치는 IMF 급류에 휩쓸려
바닥이 되어 가라앉게 되었다
그렇게 점점 바닥이 되어갔다
헤엄치자 헤엄치자
어느 날은 세상을 향해 불끈거려보았으나
너울거리는 생각만 많았다
여러 날을 배 깔고 있다가 뒹굴기도 하며
막막한 삶의 저편만 바라보다가
마음 추스르고 시를 꿰매다보니
씁쓸한 바닥도 점점 더 익숙해져서
선미禪味가 감돈다

한국적 갑을

무언가 바라는 바가 있어
좋은 일만 생기기를 바라지만
생은 늘 옆길로 샌다

어느 날 그대가
내 귀에 갑의 비방을 거침없이 쏟아 붓고
낙서처럼 웃던 그 모습이
가슴 쓰리게 한다

인간은 자신이 잘났다는 생각에서
잠시도 벗어날 수 없다
야코가 죽어 갑 앞에서는 꼼짝 못하고
뒤에서 뻐어대는…그 씁쓸함

세상사에 매인 삶이란
고뇌를 동반하고 애처로우며 욕망으로
무덤을 만드는 일이다
삶이란 그런 것이다

문경새재

문경새재, 굽이야
굽이 길에는 눈물이 떨어져 있어요
사람은 가고 없으나 민초들의
냄새가 나지요

교귀정을 막 지나면
'고안동부사김상국정문공김수근추사타루비'
故安東府使金相國正文公金洙根追思墮淚碑
외따로이 서 있지만 바쁘게 걷는 이는 여전히 보지 못해요
흉터를 꽉 문 노송의 가지 사이로
비스듬히 뛰어내린 햇살이 속삭입니다
길을 재촉할 필요 없다고 잠시
두 발을 멈추어도 좋다고

산다는 건 경주가 아닙니다
속도의 노예가 된 그대 영혼은 묵묵히
느린 발자국 위에서 길을
찾을 수 있어요

삼정三政이 목을 조일 때
공은 요역徭役과 징용이 부당하게 중첩된
문서를 바로잡아 세금을 경감하고

세민의 굳은 살 박힌 눈물을 어루만져주었답니다
하여 그 덕업을 기리고자 안동부
소민들이 세운 빗돌이에요
김수근 추사 타루비

가로수

생목이 잘리고 있다
윙윙거리며 달려드는 전기톱날에 생때같은
뼈마디가 잘리고 있다
잘리는 자신의 관절 바라보며
뭇 새들, 무릎에 앉아 조잘거릴 일 없겠다
들썩이는 어깨 품을 일 없겠다
그늘 밑에 쉴 일 없겠다
나무는 그렇게 생각했을지도 모르겠다
새봄이면 뿌리와 몸통 키우느라
가파른 물관을 오르내리며 맥박이 분주했을
한 번도 몸통이 되지 못한
곁가지의 슬픈 생,

이사 온 날부터 매캐한 매연으로
누렇게 퇴색된 이파리 근근이 연명하다가
싹둑 잘린 흰 뼈마디 삐걱 삐걱
청소차에 실려 가고 있다

어머니의 꿈

한여름 땡볕이
바삭거리며 부서져 내리고
어머니는 봉답에 나락을 베고 있었는데
(마른 나락을 땔감으로 사용)
그해 강물은
저 강의 밑바닥까지 말라서 가뭄에
비틀어진 나락들이 쭉정이를 목에 달고
들판에 서 있었다

그 시절
어머니 음성 들린다
너는 커서 부자가 될 거다
너를 가졌을 때
두레박으로 우물 속에 물을 길었는데
두레박에 쌀이 반쯤 담겨있어
이상하다 생각하며
또 한 두레박을 길어 올리니까
이번에는 쌀이 한 두레박
담겨있는 거야

지금은 빈집
우물 가득 차오르는
내 열한 살 적 이야기

청소

다락방에 널브러져있는
잡동사니를 버려야겠다 싶어 둘러본다
한때 빛났던 것들
그러나 지금은 빛을 잃은 것들
골방이나 다락으로 밀려나
당장은 소용없는 것들
나는 문득 나의 잡동사니들이 싫어진다
그래서 그것들을 버리려고 밖으로 끄집어 내놓았다
(또 언제 필요할지 모를)
마장魔障이 끼어들어 다시 집어서
안으로 끌어들인다
이렇게 몇 차례 반복하며
이제 말끔히 정리되었겠지 허리를 펴니
다른 한쪽이 또 너절하다
그때 때 절은 내 그림자가 비웃으며
나를 밖으로 끄집어낸다

양미리

노란끈에 엮어 꿰인
양미리들이 어물전 기둥에 내걸려
꾸덕꾸덕 말라가고 있다

곧았던 몸 구부러져 곡선이다
돌아가는 곡선과 곧은 직선의 촌수는 모호하다
생사의 촌수는 실로 애매한 것이다
미라로 돌아가고 있는 그들
자세히 보니 대가리 떨어지고 아가미도 찢어졌다
망각이라는 아름다운 병이 없었다면
사는 게 얼마나 끔찍한 일이냐

노란 끈에 엮어 꿰인
어물전 기둥에 서열을 이룬 미라들에게
눈길이 자꾸 간다

고스톱

친구들 다섯이 모여 앉아
알쏭달쏭한 고스톱을 칩니다
육십 중반 고개를 훨씬 넘긴 막역한 벗들입니다
노름과 놀음 사이에서
해독 불가한 주름이 가득한 얼굴로
깊은 삼매에 빠져있습니다
따도 잃고 잃어도 잃는 고스톱
치는 폼도 제각각입니다
한손에는 부채처럼 패를 펴들고
또 한 손으로는 딱지 치듯 패를 까뒤집어
왁살스레 내리칩니다
뒷전에서 '똥'먹어라 '피'먹어라 설치며
훈수꾼이 들쑤십니다

아리송한 내면의 문양이 X-ray처럼 드러납니다
평소 보이지 않던 속 무늬가 다 보여요

낄낄거리며 웃다가 다투고
자리 박차는 일 다반사로 있는 일이지요
그러나 용서가 있어 잘못도
구제받을 수 있답니다

착각

주유소에서 자동세차를 한다
쏴쏴 물줄기가 쏟아지고
후드득 후드득 젖은 소리를 지르는 대형걸레가
빙글빙글 내게 달려든다
그 속으로 내가 빨려드는 것만 같다
마음이 흔들린다
눈을 감는다
어릴 적
코끼리 코로 뱅뱅 돌다가
문득 멈춰서면 세상이 빙빙 돌았다
구름에 달이 가는 것을 사실인양
숱한 동그라미 그리며
어리석게 살아온 것 같다
자동차 세차를 하면서 덤으로
내 마음도 씻는다

사랑하는 당신에게

— 결혼 32년에 부쳐

당신을 만나던 날
1978년 3월 5일이던가요 아니 그 조금 전이지요
서로가 서로를 잘 알지 못했던
그때였을 겁니다
정말 눈 깜짝 할 사이
세월이 시간의 강을 훌쩍 건너갔습니다
잘 해주지도 못하고
물론 이만큼 화목하게
기지개를 켤 수 있는 것도 비닐봉지 같은
내조의 여덕餘德으로 압니다
여보 너무 미안하고
고맙습니다
바라건대
당신 아픔 없이 서로가 오래 살다가
어느 날 우연찮게 잠깐 눈 돌린 사이
서로가 사라졌으면 하는
바람이 있습니다

5부

보리개떡

보리개떡

강아지들이 점촌장에 나왔다
과선교 밑 개전에 강아지 세 마리가 쌔근쌔근
종이박스 품에 안겨 잠들어 있다
오월의 포근한 햇살이 이불이 되어
그들을 감싸주고 있다

학교 파하고 집에 오면
제일 먼저 나를 반기는 것은 강아지였다
내 가슴 속에 새까만 눈 반짝이며
바짓가랑이에 살랑살랑
매달렸었지

그때, 노놔 먹던 보리개떡

넌, 때굴때굴 굴렀지

빨래판 같은 입천장에
껌처럼 달라붙은 떡을 손가락으로 파낼 때
손등이 느낀 날카로운 젖니의 촉감
젖니의 추억

길 위에 잠은 세상 어디에도 있다

똥

별도 똥 누던 시절
별이 보이는 뒷간에서 똥을 누면
전날 먹은 게 동영상처럼
종일 재생된다

요즘 세상은 누름쇠 하나만 누르면
-쐐에쐐에 호그르호글 터텁텁 꼬골-* 하며
금세 사라진다

이별이란 그런 것이다
눈에 안 보이면 곧 마음에서
멀어지는 것이다

* 천승세「황구의 비명」에서 인용.

이 뿌연 봄날

논일 끝낸 경운기가
농로로 막 올라서고 있다
온종일 써레질하느라 흙감태기 된 경운기
마치 출산한 산모 같다
기진맥진

이 뿌연 봄날
멧비둘기도 울력에 구욱 구욱 국
목이 다 쉬었다

이 하루 품삯은
경운기도 목이 쉰 비둘기도
노을 한 장 전부다

항변은 독이다

모두 금연을 한다는데
아직까지 나는 내 목이 갈근거려도
주구장창 피워댄다
성질 고약한 나의 청량제다
묘한 인연이다

시시때때로 아내는
담뱃값이 아깝지 않느냐
다른 사람 다 끊는 담밸 왜 못 끊느냐
눈총을 놓는 거였다
그래서 나도 한 번 맞섰다
겁 없이,

옛 여인들이 추구했던 향기로운 박가분도
납중독이 치명적인 약점이라던데
아무리 좋은 화장품도 안 바름만 못하다
화장품값도 만만찮다

아, 나는 왜
불로 화라락 뛰어들었을까
재를 씹어 먹은 듯한 캄캄한 불꽃이 일었다
그날 밤 굶긴 채 몸을 뒤채는
애연가에 밤은 길어라

갈가지

저녁에 저녁밥을 먹는다
밥 한술 떠 넣고 맨손으로 마른 멸치를
고추장 찍어 잘근잘근
씹고 있는데

코앞에 앉았던 딸아이가
일곱 살배기 딸아이가 갑작스레 해들거리며
나를 반짝반짝 쳐다본다
입 안에서 별이 오독오독 씹히는지
새실새실 웃는다

앙 아빠가 볼때기를 먹는다…볼때기를 먹어?

앙알, 앙알거리는 딸아이, 앞니가 두개 없다

(어릴 적 동무와 불렀던 노래)
앞니 빠진 갈가지 * 앞도랑에
가지마라 붕어새끼 놀랠 라 ♪

세월은 딸애보다 앞서 흘러서
더러 그 웃음 그리운 날 있다

>

그 딸애 어엿한 일급 헤어디자이너로
강남에서 월급 먹고 있다

* 표범=갈범, 갈범새끼가 '갈가지'이다.

어스싱 오름*

어승생악御乘生岳
생소한 어승생오름을 오르는 건 처음이다
산 아래 임금 타는 어승마가 태어났다
하여 생긴 이름이다
조릿대가 군락을 이루고 있다
오름길 군데군데 산악회리본이 이정표처럼 걸려있다
대숲을 바람이 밟고 지나가자
수런거리던 댓잎들이 숨죽이고 잠잠하다
한 숨 돌리려도 멈추어 선다
어승생악 악 악
석양의 가지 끝에 앉은 붉은 까마귀
산악회 이름을 다 아는 체
읊고 있다
악~ 악

거친 숨 떠메고
하늘에 가까워진 사람들의 영혼은
한결 가벼워져서 악 악
억새밭에서 불어오는 허공을 한껏 마시고 있다
고행의 끝은 허공이다

* 어스싱오름: 제주시 해안동에 위치한 해발1169 측화산.

울릉도 가는 길

동쪽 심해선을 넘는다
의자에 비스듬히 앉았는데 너울이 요동쳐서
기둥을 잡고 맨 바닥에 내려앉았다
진자처럼 흔들려
몸 가누지 못하는 나를 바닥이 받혀준다
수평선에 목이 걸릴까 잠시
생각에 잠겼다
선을 넘으면 위험이 따르는 법
생사를 넘나드는 구토가 간곡히 따라와
새우처럼 등을 구부린다
뱃속이 텅 빈다
이윽고 너울도 잠이 들고
헝클어진 멀미가 바닥에서 깨어난다
그때 문득
허공을 날아온 갈매기들이 가리킨다
저기 환호작약할 한 점
점 점 점 섬 울렁도

수족관 오징어

내 손가락으로 말을 건네자
수족관에 있던 오징어들이 우르르 구석에 몰려
발가락으로 입을 감싸고 쑥덕거린다
연신 힐끔거리며 모의를 하는지
경계하는 눈치다

이윽고 일제히 돌진하여 벽을 들이받기 시작한다
객기에 제 머리만 허옇게 벗길 뿐
물샐틈없는 감옥이다

그냥 한 세상 사는 거야
고독 속에서 매일매일 내게로 오는 혀들이나
손가락 말들에게 친절이나 하면서
감옥을 견디는 거야

이를 부정하면 할수록 그대 죽음을 호명하는
재촉이고 달음질일 뿐이야

그리운 금천錦川

땅재 산기슭 오두막에서 딸만 낳던 울 어매 날 낳으시고 그렁그렁 '세상 다 얻은 것 같다'며 눈물 씻던 강이다 어매 콩쥐팥쥐 이야기가 도란도란 흐르는 강이다

비석치기 하던 강이다 납작한 돌로 뉘어 던지며 물수제비뜨던 강이다 반질거리는 등짝이 첨벙대던 강이다 '이슬이 동동 구슬이 동동' 폴짝폴짝 뛰면서 튀밥처럼 웃던 강이다

망태기 검잡고 소꼴 베던 강이다 우리황소가 방아거리를 실어 나르던 강이다 아부지 평생 뼈골 빠지게 산 물레방아가 빙글빙글 도는 강이다 아부지 발에 굳은살이 켜켜이 쌓인 강이다 하천의 황무지 돌 골라 논뙈기 만드느라 어매 손에 지문이 다 닳은 강이다 생쌀의 씹는 맛이 쏠쏠했던 강이다

귓불에 찬바람 얻어맞아가며 썰매 타던 강이다 빵구 난 나이론 양말을 구석에 몰래 숨기던 강이다 불깡 센 마른깻단이 얼음에 금 가는 듯 짜작짜작 타던 강이다 대궁으로 뽀얀 연기를 뿜어내던 강 눈시울 뜨겁게 하는 강이다

배 모양을 닮은 큰 바위 위에서 나의 선조(채익하)께서 시를 짓던 강이다 그후 후손들이 지은 '舟巖亭'이 자리 잡고 있는 강이다 배를 붙잡고 있는 비단닻줄이 강물이 되어 흐르는 강이다

물레방아

내 놀던 고향
금천錦川이 무장무애로 흐르고
키 큰 미루나무가 여름을 푸르게 채우고 있었습니다
나무 꼭대기에는 뭉게구름이 떠가고
방아거리를 실고 온 소들은
미루나무에 매인 채 반경을 끌어당기며
굴착기처럼 구부린 앞발로
흙먼지를 밀어 올리다가 무슨 궁리로 길게 울었습니다
그러다 심드렁해져서는 배 깔고
새김질을 했습니다

아버지는
새벽부터 물레방아 돌리느라
졸음에 겨운 밤을 지새우는 날 많았습니다
평생 뼛골 빠지게 기계처럼 일만 했습니다
그러나 나는 강물에 물장구치며
물에 젖어 놀았습니다
놀기만 했습니다

그 유년의 그림 속에
눈물겨운 가락들이 회억장에 남아있습니다
지금도 아버지는 빙글빙글
돌고 있습니다

해설

시 읽는 재미, 해학과 풍자의 시학

구석본 시인

시 읽는 재미, 해학과 풍자의 시학

구석본 시인

1

시를 읽는 사람들(시를 공부하는 사람, 시인 지망생)에게 간혹 듣는 말이 있다. 요즘 시는 너무 어렵다. 도대체 무슨 말인지 모르겠다. 해설이라고 해 놓은 것은 더 어렵다. 이들의 말에는 시에 대한 애정이 진하게 묻어 있기 마련이다. 그런데 최근에는 이들의 말에 애정 어린 불평불만을 넘어 시 혹은 시인에 대한 노여움 같은 것이 묻어있음을 느낄 때도 있다. 시인들은 자폐증을 앓고 있는 사람 같다. 자기들끼리 해독할 수 없는 암호를 주고받는 사람들이다. 도대체 감동을 주지 않는다. 이들에게 시는 본질적으로 새로움을 찾아가는 것이다. 새롭다는 것, 처음 접한다는 것, 새로운 세계를 만난다는 것, 들이기에 어려울 수밖에 없을 것이다라고 해명을 해도 이들을 설득할 수 없다. 이들은 다시 불만을 터뜨린다. 아무리 새롭다는 것을 추구하는 것이라 해도 우리말로 된 것이고 읽는 사람도 교육을 받을 만큼 받았는데 암호도 아니고 시랍시고 내민다는 것, 이건 아닌 것 같다. 심지어 읽는 이를 미혹하는 사기성이 '새롭다'라는 가면에 숨어 있는 것이 아닌가 하는 의심도 간다. 이렇게 반박이 오는 것이다. 그러면 나의 궁색한 답이 읽지 마시라. 읽어도 불가해한 시는 나쁜 시라 생각하고 읽지 않으면 될 것이다.

이제 다시 이들에게 말한다. 채만희 시인의 시집을 읽어 보시라. 시 읽는 재미가 솔솔할 것이다. 그의 담백한 언어들이 때로 단조로움으로 이어져 깊이가 얕은 맛을 줄 수도 있을 것이다. 그럴 때 한 번 더 읽어 보라. 시인이 은근히 숨겨 놓은 장치가 읽는이를 슬쩍 시 속으로 끌어들일 것이다. 때로 혼자서 싱긋 웃게 될 것이고 때로 자기도 모르는 사이 무릎을 칠 수 있을 것이다.

수족관 앞에서
한 무리 사람들이 대게를 흥정하고 있다
대게를 가리키는 그들의 손가락에
봄 햇살이 향기롭다
그들로부터 선택 받은 게가
아낙의 쇠꼬챙이에 붙들려 나온다
버둥거리는 게다리가 붙잡을 수 있는 것은
허공뿐이다
게다리가 안간힘으로 붙든 허공 안에서
봄 햇살이 팽팽하게 부풀어 오르고
수족관 밑바닥을 기어 다닌 한 생애가
마지막 거품을 문다
거품과 엉키는 게다리가 허공을 붙잡고
버둥거리지만
끝내 찜통 속으로 가물가물 사라지고
세상은 사람들의 북적임으로 적막해진다

그 적막 속에서

사라진 게다리가 느닷없이 나를 붙잡는다
게다리에게 붙잡힌 내 몸이
딱딱하게 굳는다
사라지면서 마지막으로 게다리가 붙잡은 것은
허공이 아니라 세상의 밑바닥을 기어 다닌
피갑의 내 생이었다
—「영덕대게」 전문

채만희 시인의 시선은 인간 삶의 현장을 향하고 있다. 그 시선도 비켜 가거나 우회적이 아니다. 인간 삶의 세계와 맞대면하고 있다. 대체로 서정시가 감정의 세계, 즉 '그리움', '외로움', '죽음' 등의 세계와 이어지거나 대상의 존재론적인 측면에서 접근하는데 비한다면 그의 시세계가 특이하다고 말할 수 있겠다.

인용한 시, 「영덕대게」에서 이런 채 시인의 시세계가 잘 드러나고 있다. 영덕대게는 인간의 먹이다. 인간의 먹이가 되기 위해 '수족관'이라는 상인(주인)이 지정한 공간에서 대기하고 있는 것이다. 또 한편으로 수족관은 영덕대게에게는 안식처인 동시에 삶의 현장이다. 그 수족관에서 먹이활동도 하고 휴식도 취한다. 최소한 상인의 꼬챙이에 끌려나오기 전까지 말이다. 영덕대게는 끌려나와 찜통으로 들어갈 때 비로소 수족관은 안식처가 아니라 가두리였음을 자각하지만 이미 그의 생은 다한 것이다. 이 세상은 사람이 지배하는 곳이다. 영덕대게의 세상일 수 없다. "세상은 사람들의 북적임으로 적막해"지는 곳일 뿐이다. 이 시는 2연에서 반전이 일어난다. 식욕을 채운 사람들은 한동안 조용해진다. 포만감이 가져오는 적막이다. 영덕대게를 먹고 난 다음 포만감에 빠진 사람들도 마찬가지다. 먹기 전 활발하게 나누던 대화도 뜸해지다가 조용해진다. 사람들의 포만감은 적막으로 이어진다. 적막해지면 각자 사색에 잠기게 되고 사색의 화두는 방금 전 먹은 게가 되는 것이다. "그 적막 속에서/ 사라진 게다리가 느닷없이 나를 붙잡는" 것이다.

사라지면서 마지막으로 게다리가 붙잡은 것은
허공이 아니라 세상의 밑바닥을 기어 다닌
피갑의 내 생이었다

결국 시인이 먹은 영덕대게에서 본 실체는 "허공이 아니라 세상의 밑바닥을 기어 다닌/ 피갑의 내 생"이었던 것이다. 내가 먹은 대게에서 누군가 혹은 그 무엇에게 희생된 자아를 보게 된 것이다. 시인의 눈에 비친 이 세상은 정교한 먹이사슬로 짜인 삶의 현장인 동시에 죽음으로 건너가기 직전 누군가가 지정해 놓은 수족관인 것이다. 이렇게 보면 영덕대게의 생이 "수족관 밑바닥을 기어 다닌 한 생애"이듯이 인간이 자신도 "세상의 밑바닥을 기어 다닌" 생과 다를 바 없음을 깨닫는 것이다.

채만희 시인의 시에는 "밑바닥을 기어 다닌 생"의 인물이 주로 시적 대상이다. 인간사회 먹이사슬 구조의 최하위 계층이 시적 대상이다. 다음에 읽는 시, 「허수아비풍선」도 그러하다.

신장개업 쇼핑몰 앞에
허풍쟁이 두 팔을 벌리고 서있다
웬걸,
훅을 한방 맞은 듯 푹 고꾸라지더니
미소 띤 얼굴로 벌떡 일어나
허공에 별을 뿌린다
몇 번이고 넘어져도 또 다른 몸짓으로

꿈틀꿈틀 일어선다
바람이 그의 고단한 몸을 지탱하는 것이다
배꼽티 아가씨들과 함께 춤을 추며
행인에게 웃음을 던진다
고객감사 대잔치 풍선이 무지개 터널처럼 걸려있다
이벤트에 참여하시고 100% 행운도 받아가세요
오늘은 왕창세일 푸짐한 상품을 드립니다
확성기 수다가 장맛비처럼 쏟아진다
행사가 끝나고
한 몸을 지탱한 바람의 정체가 드러났다
슬픈 빈 자루처럼 푹 접히는
비닐 천 한 조각

—「허수아비풍선」 전문

시인은 앞에서 말했듯이 현대 산업사회를 정교한 먹이사슬의 조직으로 보고 있다. '영덕대게'에서 나타나는 먹이사슬은 수족관의 '주인'과 '한 무리의 사람들' 그리고 먹이사슬 최하위인 '영덕대게'로 조직되어 있다. '허수아비풍선'에서 나타나는 먹이사슬은 전면에 등장하지 않는 보이지 않는 손(자본가. 주인)이 있고 '행인'이 있다. 그리고 "밑바닥을 기어 다닌 생", 먹이사슬의 최하위인 '허수아비풍선'이 있는 것이다. 그 '허수아비풍선'이 시적대상이다.

'허수아비풍선'은 풍선으로 만든 대형 인형이다. 신장개업하는 가게 앞에서 광고 이벤트용으로 흔히 볼 수 있다. 사람을 대신하는 것, 바람으로 채워져 있어 양팔을 벌리고 너훌너훌 춤을 추며 행인의 이목을 끈다. 허수아비풍선은 지정된 자리에서 같은 표정, 같은 몸짓으로 수없이 고꾸라지고 일어서기를 반복한다. 아무리 넘어져도 '미소 띤 얼굴로' 일어나는 것이다. 알고 보면 그의 몸을 지탱하는 것은 '바람'인 것이다. 행사가 끝나고 나면 허수아비풍선은 "슬픈 빈 자루처럼 푹 접히는/ 비닐 천 한 조각"에 지나지 않는 것이다. 우리 인간의 삶도 이 허수아비풍선처럼 언젠가는 바람이 빠지고 "빈 자루처럼 푹 접히는" 존재가 아닌가. 허수아비풍선을 통해 도구화된 현대인의 비극적 삶을 그려내고 있는 것이다. 경쟁 사회에서 생존을 위해 처절하게 투쟁했지만 허수아비풍선도 결국 '영덕대게'처럼 "밑바닥 기어다닌 생"인 것이다.

가부좌 튼 발이 골똘하다
참선을 하는지 벼랑에 고약처럼 달라붙어
넋 놓고 있다

스스로 벼랑에 길들여져
이제 발 뺄 수도 없는 노릇이다
아침이 지나고 또 종일 발꿈치 괴고앉아
화두 하나 물고 있다

애써 쳐놓은 그물은 덫이 아니라
힘센 놈에겐 더 높은 곳으로 날아오르는 디딤판일 뿐
약한 놈들 몇 붙들려 죽음을 살고 있는
흔적을 남길 뿐이다

고독 끝에 발 걸고 있다
약한 것들을 옥죄거나 그들에게 빨대나 꽂아
찔끔찔끔 피나 빨 궁리로 면벽하고 있다
—「거미」 전문

시, 「거미」에 오면 시적대상이 '영덕대게'와 '허수아비풍선'에서 보여주는 먹이사슬의 최하위 계층과는 다르다. 「거미」에 등장하는 '거미'는 먹이사슬의 최상층은 아니지만 정교한 그물을 놓고 먹이를 기다리는 계층이다. 자본가(거미)의 외형은 "가부좌 튼 발이 골똘하다/ 참선을 하는지 벼랑에 고약처럼 달라붙어/ 넋 놓고 있"는 모습이다. 여기서 보듯이 자본가는 참선하는 수행자 모습으로 보이기 쉽다. 참선은 자기구원 나아가서 인류를 구원을 위한 깨달음으로 가는 수도이다. 산업사회의 자본가는 때로 개인적 탐욕을 숨기고 사회 구원자의 탈을 쓰는 경우가 허다함을 은근히 꼬집고 있다. 얼핏 보면 그들은 구원자처럼 보이지만 그들이 보여주는 참선의 자세는 먹이를 유혹하는 고도의 수법에 지나지 않음을 꼬집고 있는 것이다. '거미'는 먹이를 얻기 위해 정교하게 그물을 쳐 놓고 참선의 자세로 기다리는 것이다. 때로는 "애써 쳐놓은 그물은 덫이 아니라/ 힘센 놈에겐 더 높은 곳으로 날아오르는 디딤판일 뿐"일 때도 있다. '거미'보다 강자에겐 거미가 쳐 놓은 그물은 그물이 아니라 오히려 높이 올라가는 "디딤판일 뿐"인 것이다. 디딤판이 되는 순간 거미의 그물은 상당한 엄청난 손상을 입지만 거미는 결코 방어하거나 투쟁하지 않는다. 먹이사슬이라는 순환 고리에 순응하여야만 생존할 수 있다는 지혜를 가졌기 때문이다. 다시 말하면 "스스로 벼랑에 길들여져" 있기 때문이다. 자신보다 상위의 강자에게는 길을 내주고 약자는 자신의 희생물로 삼는 것이 생존의 길임을 알기 때문이다. 적자생존의 원리를 실천하는 거미는 오로지 "고독 끝에 발 걸고 있다/ 약한 것들을 옥죄거나 그들에게 빨대나 꽂아/ 찔끔찔끔 피나 빨 궁리로 면벽하고 있"는 것이다.

채만희 시인은 '거미'를 통해 산업사회의 먹이사슬을 총체적으로 제시하고 있다. 동시에 인간의 궁극의 모습은 강자와 약자로 이분화되는 것이 아니라 강자도 약자도 예외 없이 "고독 끝에 발 걸고 있"는 존재임을 일깨우고 있는 것이다.

2

채만희 시인의 또 하나의 시선은 삶의 양식이다. 앞서 인용한 시편들,「영덕대게」,「허수아비풍선」,「거미」가 산업사회 먹이사슬 구조에서 빚어지는 현대인의 비극성을 보여주고 있다면 시,「잠자리」는 삶의 양식을 보여주고 있다 하겠다.

잠자리가 풀잎을 스쳐 공처럼 튀어 올라
보이지 않는 금을 그으며 허공을 맴돌더니
풀잎 끝에 가까스로 내려앉는다
그가 그어 놓은 금이 그늘이 되어 따라 앉는다
바람이 풀잎의 끝을 흔든다
흔들림을 따라 그늘이 흔들리고
잠자리의 날개가 잠시 균형을 잃는다
날개의 실핏줄이 얽히더니 다시
허공으로 튀어 오른다
그래, 지상은 안식처가 아니야
날 세워 사는 게 세상이야
지상의 서슬 푸른 칼날들은 반짝거리며
끊임없이 너를 향하고
보이지 않는 금들이 촘촘한 거미줄처럼 얽혀
너를 기다리는 것이다
날갯짓만이 삶이다
그곳이 비록 애달픈 허공일지라도
그 허공을 더욱 깊게 넓히는 길일지라도

그것이 너의 삶이니

—「잠자리」 전문

'잠자리'의 전반부는 미세한 묘사로 되어 있다. "잠자리가 풀잎을 스쳐 공처럼 튀어 올라/ 보이지 않는 금을 그으며 허공을 맴돌더니/ 풀잎 끝에 가까스로 내려앉는다/ 그가 그어 놓은 금이 그늘이 되어 따라 앉는다"까지 잠자리가 풀잎에 앉는 동작을 촘촘히 묘사하고 있다. 시인의 눈은 잠자리가 허공에 그어 놓은 '금'도 놓치지 않는다. '금'은 실재하지 않는 것이다. 가시적인 존재가 아닌 것이다. 실재하지 않는 '금'을 제시하여 시인은 잠자리가 허공에서 일궈 놓은 삶의 궤적을 말하려 한다. 그래서 '금'을 통해 잠자리가 일궈온 허공의 삶을 추측해 볼 수 있다. "그가 그어 놓은 금이 그늘이 되어 따라 앉"는 것으로 보아 잠자리의 허공의 삶은 '어두운 삶, 그늘진 삶'이었음을 짐작할 수 있다. 그러기에 잠자리는 지상의 삶을 꿈꾸는 것이다. 그렇지만 허공에서 꿈꾸던 지상도 잠자리에게 안식처일 수 없다. "그래, 지상은 안식처가 아니야/ 날 세워 사는 게 세상이야"라고 시인은 잠자리에게 이른다. 이어 시인은 잠자리가 지상에 내려앉는 그 순간 "지상의 서슬 푸른 칼날들은 반짝거리며/ 끊임없이 너를 향하고/ 보이지 않는 금들이 촘촘한 거미줄처럼 얽혀/ 너를 기다"릴 것이라고 경고한다. 여기에서 '금'은 '촘촘한 거미줄'로 변주되는 것이다. 허공에서 잠자리가 일궈온 삶의 궤적(금)은 지상에서 도리어 잠자리를 묶는 '거미줄'이 될 수 있다는 암시이기도 하다. 결국 잠자리 삶의 영역은 지상이 아니라 '허공'이다. 허공의 삶은 끊임없는 날갯짓으로 영위할 수 있다. 고달프기 그지없는 삶일 수밖에 없다. 그리고 끝없는 날갯짓은 "그 허공을 더욱 깊게 넓히는 길일지라도/ 그것이 너의 삶이"라고 잠자리에게 일깨우고 있다. 잠자리가 허공에서 끊임없는 날갯짓을 통해 삶을 영위하는 것은 잠자리가 벗어날 수 없는 운명이라 보고 있다. 잠자리 삶의 양식으로 인간 삶도 허공(현실)에서 땀 흘리지만 결국 허공(허무)의 깊이만 더하는 삶임을 보여주려 한 것이 아닐까.

세상은 걷기 시작할 때부터 절벽이다
얼마나 메마르고 단단한지
끝없이 잇대어 쌓은
이쪽과 저쪽을 가르는 담장
혼신의 힘으로 막막한 담장을 붙들고 있다
담장이 물렁해지도록
악착같이 달라붙어
여리고 여린 손 되짚어 이파리 흔들며
높은 곳으로 기어오르고 있다
기는데 이골 난 몸 하나로
벅찬 숨 몰아쉬며
크고 단단한 걸 손아귀에 쥐는 것이다
시뻘건 욕망의 손 뻗어
눈과 비바람에는 주먹으로 맞서면서
높고 푸르게 오르고 오르다가
절벽의 끄트머리 어디쯤
거친 숨결 지친 생의 기록을
담장보다 더 단단한 점자點字로 남기고
가물가물 메마르는 것이다

—「담쟁이」 전문

인용한 시, 「담쟁이」는 담쟁이 생태를 통하여 현대인의 자화상 한 면을 투영하고 있다. 담쟁이에게 있어 담장은 삶의 현장이다. 동시에 이쪽과 저쪽을 갈라놓는 경계이기도 하다. 주어진 그 담장을 기어오르는 것이 담쟁이의 삶의 역정인 것이다. 이렇게 설정된 삶의 현장은 가파르고 거칠다. 삶의 절벽 같은 현장에서 일어나는 갈등, 담장 안과 밖에서 일어나는 대립으로 삶의 주체는 치열한 투쟁을 벌이지 않으면 생존할 수 없는 환경이다. 시, 「담쟁이」에서도 시인은 "세상은 걷기 시작할 때부터 절벽이"라 말한다. 산다는 것 그 자체가 절벽을 기어오르는 것이다. 최하위 계층에게는 절벽을 기어오르는 데 있어서 안전장치나 디딤돌이 있는 것도 아니다. 가파르고 험난할 뿐이다. "얼마나 메마르고 단단한지/ 끝없이 잇대어 쌓은/ 이쪽과 저쪽을 가르는 담장"인 것이다.

그 절벽 같은 담장에 매달린 삶의 주체인 담쟁이는 살아야겠다는, 더 높은 곳을 향해야한다는 "시뻘건 욕망의 손 뻗어" 담장을 기어오르는 것이다. 오늘을 살아가고 있는 현대인 대부분의 자화상이라 하겠다. 현대인의 욕망은 끝없이 높은 곳을 향한다. "눈과 비바람에는 주먹으로 맞서면서/ 높고 푸르게 오르고 오르"는 것이다. 그런 삶을 '꿈을 일구는 삶'이라 말하기도 한다. 그 삶의 대열, 오르고 오르는 삶에서 벗어나는 사람을 낙오자라 하는 것이다. 이런 현대인의 삶의 모습을 "절벽의 끄트머리 어디쯤/ 거친 숨결 지친 생의 기록을/ 담장보다 더 단단한 점자點字로 남기고/가물가물 메마르는 것이"라고 시인은 말하고 있다.

인용한 시, 「잠자리」와 「담쟁이」는 삶의 현장과 주체 간의 대립, 갈등 구조에서 빚어지는 투쟁과 비극성을 드러내는 시편들이라 하겠다.

3

채만희 시인의 시에서 볼 수 있는 것은 가족에 대한 사랑을 노래한 시편이다. 아버지, 어머니, 아내에 대한 사랑을 주제로 한 시는 자칫 잘못하면 진부하거나 감상에 빠질 위험이 많다. 채 시인은 이런 위험을 독특한 발상과 기법으로 극복하고 있어 읽는이에게 감동을 주고 있다.

아내가 표고를 널고 있다
발 위에는 올망졸망한 새끼거북들이 뒤엉켜
등은 갈라지고 몸도 쪼그라들었다
분주하게 이들을 떼어놓으며
누가 묻지도 않았는데 태연히 중얼거린다
바람에 씻어 말려야지
오래도록 습기만 견뎌왔지
가벼워지기 위해 맑은 바람 속으로 걸어가야지
싱싱한 볕을 몸에 듬뿍 쟁여 넣어야지
그래야 영양가가 열배는 높아지지
지지지 지지 주문을 왼다

이제껏 내 입으로 들어간 것들이
젓가락으로 잡아먹고 숟가락으로 몰아넣은 것들이
주술을 넣은 당신의 사랑이란 말이지
잠시 생각이 목에 걸렸는데

가을 햇볕이 내 등을 찌르기에 뒤돌아보니
헐, 어머니가 볕 좋다
볕 좋다 하신다

—「어머니」 전문

“아내가 표고를 널고 있다/ 발 위에는 올망졸망한 새끼거북들이 뒤엉켜/ 등은 갈라지고 몸도 쪼그라들었다/ 분주하게 이들을 떼어놓으며/ 누가 묻지도 않았는데 태연히 중얼거린다/ 바람에 씻어 말려야지/ 오래도록 습기만 견뎌왔지/ 가벼워지기 위해 맑은 바람 속으로 걸어가야지/ 싱싱한 볕을 몸에 듬뿍 쟁여 넣어야지/ 그래야 영양가가 열배는 높아지지/ 지지지 지지 주문을 왼다” 시,「어머니」의 첫 연은 표고버섯을 말리는 어머니가 아닌 아내의 모습을 묘사했다. 아내의 표고버섯에 바치는 정성은 오로지 “싱싱한 볕을 몸에 듬뿍 쟁여 넣”게 하기 위해서고 “영양가가 열배는 높아지”기 위해서다. 또 하나 눈여겨 볼 것은 표고버섯을 새끼거북으로 환치하고 있다는 것이다. 두 말할 것 없이 표고버섯이 새끼거북처럼 보였기 때문일 것이다. 모양뿐 아니라 물기에 젖은 생태가 또한 유사하다. 그래서 빛 좋은 바람에 말리는 것을 “가벼워지기 위해 맑은 바람 속으로 걸어가야지”라고 표현했다. 즉 식물인 표고버섯에 ‘바람 속으로 걸어가야지“라 하여 동물성을 부여한 것이다. 동시에 장수동물의 상징인 거북에 비유하여 가족들의 건강을 간접적으로 기원하고 있는 마음을 담았다. 영양가 높은 표고버섯을 가족들에게 먹이려 정성을 다하는 아내의 모습, 새끼거북처럼 건강하게 오래 살아가기를 바라는 아내의 마음을 볕 고운 어느 가을날 보게 된 것이다. 비로소 시인은 “이제껏 내 입으로 들어간 것들이/ 젓가락으로 잡아먹고 숟가락으로 몰아넣은 것들이/ 주술을 넣은 당신의 사랑이란” 것을 깨달은 것이다. 여기까지 읽으면 이 시의 제목은 ‘아내’가 되어야 하는 것이다. 그런데 ‘어머니’일까? 그 답은 마지막 연, “가을 햇볕이 내 등을 찌르기에 뒤돌아보니/ 헐, 어머니가 볕 좋다/ 볕 좋다 하신다"에 있다. 즉 아내의 그런 모습에서 어머니의 모습을 본 것이다. 영화의 오버랩 기법으로 표현하고 있다. 진부한 말이지만 지고지순한 사랑은 어머니의 사랑이다. 시인은 그런 사랑을 아내에게서 본 것이다. 그래서 제목이 '아내'가 아니라 '어머니'인 것이다. 아내의 사랑에서 지극한 모성을 본 것이다. 그런 면에서 이 시는 어머니와 아내에게 바치는 시라 하겠다. 아내의 헌신적인 사랑은 「비닐봉지」에서도 잘 나타나고 있다. "점촌역 사거리 모퉁이에/ 담배포 딸린 성냥갑만한 가게가 한 칸 있다/ 그곳에서 십 년도 넘게 가게를 본/ 내 마누라가 있다." 인용한 구절은 「비닐봉지」 첫 부분이다. 여기에서 알 수 있듯이 시인의 아내는 담배포 딸린 성냥갑만한 가게에서 십 년 넘게 장사를 한 것이다. "점촌역 사거리 모퉁이", "성냥갑만한 가게"라는 공간은 소외와 고통이 함께하는 현장이다. 이런 공간적 배경과 "십 년도 넘"는 세월과 그 다음에 이어지는 "잠이 덜 깬 아침 햇살을 열고/ 눈이 감기는 막차가 역사驛舍를 빠져나갈 때까지"라는 시간적 배경이 조합되어 아내의 고통과 소외가 입체적으로 드러나고 있다. 그런 아내의 헌신과 희생은 자신을 위한 것이 아니라 "가족의 인생까지 지키"기 위해서임을 잘 알고 있는 것이다. 그래서 시인에게 있어서 아내는 실존하는 신神인 것이다. 그렇지만 시인은 아내를 차마 신이라 할 수 없어 "손에 쥐었던 생고무보다 질긴 시간을/ 종일 비닐봉지에 담고 있는/ 신呻이 있다"라고 말한다. 呻은 신음呻吟이라 할 때 신이 아닌가. 이런 면에 아내를 중의적으로 표현하고 있다. 즉 아내는 신神이면서 동시에 가족을 위하여 평생 짐을 벗어나지 못하고 신음하는 신呻이다.

채만희 시인의 아내의 사랑에 대한 최상의 표현은 아내는 어머니이자 신인 것이다. 즉 모든 것을 주고 모든 허물을 덮어 주는 지고지순의 사랑인 것이다.

4

채만희 시인의 시에는 풍자와 해학이 있다. 풍자와 해학은 채 시인의 시세계에서 하나의 축을 이룬다. 이런 채 시인의 독특한 시세계가 시 읽는 재미를 주고 있다.

사모정思慕亭에는 전설이 있다
'사랑한다'고 말을 건네거나
눈을 서로 마주하면
눈물샘이 말라버린다는 전설이 있다
그럼에 그곳에는
밤에서 낮까지 눈총을 피해 살아간다
엘리베이터에는 시선을 마주하는 법이 없다
눈을 떨궈 장바구니에 담기도 하고
엘리베이터 벽이나 천정에
눈알을 껌처럼 붙였다가
내릴 때 떼어서 총총히 사라진다

누군가 가자미눈으로
'사랑한다'고 말을 건넸다
눈 총알이 자동 발사되었다
그 순간
아무 일도 일어나지 않았다

—「엘리베이터」 전문

인용한 시, 「엘리베이터」는 사모정思慕亭에 얽혀있는 전설에서 시작된다. 사모정의 전설은 "'사랑한다' 고 말을 건네거나/ 눈을 서로 마주하면/ 눈물샘이 말라버린다는 전설"이다. 총은

치명적인 폭력이다. 물총새는 물을 총으로 만들어 먹이를 구한다. 물총도 있고 눈총도 있다. 사모정에서 눈을 서로 마주하면 그 눈길은 바로 '눈총'이 되는 것이다. "그럼에 그곳에는/ 밤에서 낮까지 눈총을 피해 살아"간다는 전설이다. 이 시에서 '사모정'이라는 우리가 알고 있는 정자가 아니다. 「엘리베이터」를 정자라 한 것이다. '사모정'에 얽힌 전설도 시인에 의해 꾸며졌다. 채만희 시인은 굳이 이 시를 전설의 형식으로 진술했을까. 아마 엘리베이터라는 좁은 공간에서 만나는 사람들끼리 서로 경계하고 눈길을 주지 않는 현대인의 생활과 의식을 그 무엇으로도 이해할 수 없기 때문이리라. 그래서 전설의 형식으로 엘리베이터에서 일어나고 있는 이상야릇한 인간의 일상생활 모습을 풍자하려 한 것은 아닐까.

엘리베이터를 정자라 한 것도 도시적 삶에 대한 풍자와 해학이다. 풍자와 해학을 통해 인간관계가 단절된 도시적 삶에 대한 성찰의 깊이와 고발의 수위를 효과적으로 드러내기 위함으로 보인다. 정자는 실생활 공간이 아니고 쉼의 공간이다. 산자수명한 곳에 위치한다. 문인 선비들이 모여 고담준론하는 곳이요. 자연 속에서 풍류를 즐기는 곳이다. 시인은 도시적 삶의 한 상징인 엘리베이터를 현대의 정자라고 했다. 정자는 자연 속의 구조물이지만 엘리베이터는 빌딩을 오르내리는 기계이다. 정자가 실생활과 거리가 먼 공간이라면 엘리베이터는 생활공간이다. 그러므로 엘리베이터는 삶의 한 현장이다. 또한 정자가 트인 곳인 반면 밀폐된 공간이다. 이런 엘리베이터를 고전적 정자로 환치한 것, 그곳에 일어나고 있는 일상을 전설화한 것은 풍자적이고 해학적이라 하겠다. 그러므로 읽는 이에게 도시적 삶에 대한 성찰과 웃음을 준다. 엘리베이터의 공간은 좁다. 사람과 사람 사이가 좁혀질 수밖에 없다. 그러나 그 좁은 거리에서 만나게 되는 사람들은 어떤가 "시선을 마주하는 법”이 없다. 시인은 눈길을 주고받으면 “눈물샘이 말라버린다”는 전설이 있기 때문이라고 능청을 떨고 있다. 인간관계의 단절과 사랑을 잃어버린 현대인의 모습을 되돌아보게 한다. 동시에 그런 삶의 어리석음을 은근히 꾸짖고 있는 것이다.

농사지으며
법 없이 사는 정 씨
주막에 갔다

선달그믐이니 그 동안 밀린 외상값 갚고 드시오

사람 좋기로 소문난 정 씨
주모 박대에 머쓱하여 흙마루에 걸터앉아
마른입에 담배를 피워 문다
술 내올 기미는 없고,
그때 우리를 뛰쳐나와 신명이 난 돼지가
고두밥멍석에 건달처럼 들어섰다

그 장면을 늦게 발견한 주모
돼지를 좀 내치지 않고서는……

정씨는 담뱃불을 비벼 끄면서
난 돼지가 외상값 갚고 먹는 줄 알았소

정씨의 한 해가
외상으로 저물고 있다

—「외상」 전문

시, 「외상」은 오늘의 풍경이 아니라 예스런 일상의 에피소드를 옮겨 놓은 듯하다. 이 시에서도 채 시인의 해학적인 체취가 물씬 풍긴다. 공간적 배경은 농촌의 주막이고 시간적 배경은 섣달그믐이다. 등장인물은 농부 정 씨와 주모다. 이 시를 통해 짐작할 수 있는 정 씨는 법 없이 살 수 있는 순박하고 착하면서 술을 좋아하는 사람이다. 거기에 비해 주모는 장삿속에 밝은 사람이다. 술을 마시러 온 정 씨에게 대뜸 "섣달그믐이니 그동안 밀린 외상값 갚고 드시"라고 하면서 술을 내지 않는 것이다. 오랜 단골에게 외상 갚을 것을 종용하는 것으로 미뤄볼 때 주모는 냉정한 사람이다. 이런 상황에서 분위기를 반전시키는 것이 돼지의 등장이다. 돼지가 널어놓은 고두밥 먹는 것을 정 씨는 그냥 멀뚱히 바라보고 있다. 뒤늦게 멍석의 고두밥 먹는 돼지를 발견한 주모가 돼지를 내치지 않는 정 씨를 탓하자 정 씨는 "난 돼지가 외상값 갚고 먹는 줄 알았소"라고 능청스럽게 말하는 장면을 읽으면 독자들의 얼굴에 미소가 떠오를 것이다. 정 씨가 인정미 없는 주모에게 한 방 멋지게 먹이는 것을 보고 통쾌함도 느낄 것이다. 마치 고전극 마당놀이의 한 장면 같다. 고전 소설, 고전극에서나 볼 수 있는 소담笑談을 시에 굳이 차용한 것은 현대인이 잊고 사는 선인들의 삶을 일깨워 자연스럽게 도시적 삶의 성찰을 유도하려는 의도일 것이다.

알맹이는 일찍이 그대의 몫이니
결코 넘보지 않았다 간혹 그대가 잠들었을 때 흘린
영혼의 땀방울에 나의 날개를 가만히 적시며
잠들기도 한 나는 집조차 없는 무소유를 실천하는 선지자다
저장해두지 않으므로, 아서라
재물이나 권력 같은
그대가 버린 것들 앞에

경건한 나의 기도까지도 용납하지 않는 그대
오로지 폭력으로 나를 덮친다
부처의 손바닥을 닮은 그대 손바닥이
우주의 힘으로 적의를 품는다
그대 앞에서 한없이 바장대며 비비는 손바닥은
그대의 달디단 알맹이를 훔치려는
예비 된 동작이 아니라
내 안을 살피는 기도의 몸짓임을

그대여
범사에 감사할 줄 아는 맑은 내 영혼은
그대가 껍데기라 생각하고 버린 것들을
달게 받았기 때문이다
—「파리의 기도」 부분

"먹고 사는 일, 기도의 대상이다"로 시작되는「파리의 기도」 일부를 인용했다. 파리는 인간생활과 가까운 미물 중 하나다. 사람들과 가까이 있으면서 역겨움을 느끼는 미물이다. 약하기 그지없는 존재다. 모든 생명은 귀하다고 한다. 하지만 파리만은 예외다. 파리를 죽이면서 하나의 생명을 해쳤다는 의식은 아예 없다. 쓰레기를 치우는 일에 지나지 않는다. 그야말로 파리 목숨이다. 그런 파리를 시적 화자로 하고 있다. 그것도 최상위 인간을 준엄하게 꾸짖는 형식이다. 그 꾸짖음도 "알맹이는 일찍이 그대의 몫이니/ 결코 넘보지 않았다 간혹 그대가 잠들었을 때 흘린/ 영혼의 땀방울에 나의 날개를 가만히 적시며/ 잠들기도 한 나는 집조차 없는 무소유를 실천하는 선지자다"에서 보듯이 '무소유를 실천하는 선지자' 위치에서 내려다보며 하는 것이다. 파리는 한없이 숭고하고 인간은 한없이 미약하고 어리석고 탐욕스러운 존재로 그리고 있는 것이다. 인간을 우스꽝스러운 존재로 그려 현대인의 탐욕을 신랄하게 비꼬고 있다. 여기에 그치는 것이 아니라 파리는 "그대여/ 범사에 감사할 줄 아는 맑은 내 영혼은/ 그대가 껍데기라 생각하고 버린 것들을/ 달게 받았기 때문이다"라며 어리석은 인간에게 일갈하고 있다. 이만하면 해학의 극치라 할 만하다. 채 시인은 풍자와 해학적인 시편들을 통해 현대인의 탐욕과 이기심에 대한 성찰과 반성을 촉구하고 있는 것이다. 도시적 삶의 병폐를 치유하는 길은 인간성을 회복하고 고양하는 것임을 채 시인은 우리들에게 일깨우고 있다.

이런 채 시인의 시세계가 '사랑의 진국'에서 함축적으로 보여주고 있다.

안동에 할매국밥집,
옆자리에 앉은 생면부지 노인이 나를 향해
젓가락머리를 탁탁 두드리며
"먼저 먹습니다" 하신다
그 무렵 맞은 편 안노인은
숟가락으로 건진 고깃점을 영감 국그릇에
자꾸 자꾸 옮기고 있다
"나도 많다 마"
추임새 같은 건성虔誠에 엉긴 정이
오래 묵은 간장 같다
벌벌 떠는 숟갈로 훈김까지 비우시고는
지팡이에 이끌려 마지못해 문을 나서신다
굽은 허리지고 자축자축 걷는 노부부
저리 땅을 물고 가면 저승 또한 얼마나 환할까
꼬부랑길 바라보는 내 눈길에서

낯익은 그림자가 일렁인다

—「사랑의 진국」 전문

시, 「사랑의 진국」은 안동 '할매국밥집'을 배경으로 하고 있다. 안동은 양반의 도시로 알려져 있다. 선비정신, 양반정신이 살아있는 도시다. 선비정신, 양반정신을 범박하게 말한다면 '인간다운 삶을 추구하는 정신'이라 하지 않겠나. 그렇다면 안동은 채 시인에게 최상의 도시다. "옆자리에 앉은 생면부지 노인이 나를 향해/ 젓가락머리를 탁탁 두드리며/ 먼저 먹습니다"며 인사를 한다. 이런 인사치레도 역시 양반정신에서 나오는 것이리라. 손윗사람인 노인이 아랫사람인 옆 사람에게 "먼저 먹습니다"라고 인사하는 것, 그것도 생면부지인 사람에게 하는 것이니 요즘 거의 볼 수 없는 경험이다. 안동에서 가능한 일인 것이다. 그리고 국밥을 먹으면서 부부가 서로를 챙기는 모습에서 진짜배기 사랑을 시인은 본 것이다. 바깥노인이 먹기 전 주변에 인사 나눌 "그 무렵 맞은 편 안노인은/ 숟가락으로 건진 고깃점을 영감 국그릇에/ 자꾸 자꾸 옮기고 있"는 것이다. 고기 한 점이라도 영감에게 더 먹이려는 알뜰한 안노인의 깊은 사랑이다. 그런 안노인의 사랑에 영감은 "나도 많다 마"라며 할멈을 챙기는 영감의 "추임새 같은 건성虔誠에 엉긴 정이" 시인은 "오래 묵은 간장 같다"고 한다. 이런 노부부의 사랑이 바로 진짜배기가 아닌가. 우리가 잃어가고 있는 참사랑의 모습을 우리에게 보여주고 있다.

채만희 시인은 사람이 좋다. '사람이 좋다'라는 말은 진정성이 있다기보다 인사치레로 건성으로 하는, 애매모호하기 그지없는 인물평이다. 그러나 채만희 시인을 만나보면, 그와 술잔을 주고받아 보면, '사람이 좋다'라는 표현이 실감나고 구체적인 인물평임을 알 것이다. 진짜배기 시인의 시를 부족한 필력으로 흠을 내지나 않았을까 저어하며 '사람 좋은' 채만희 시인을 낳은 토양을 짐작할 수 있는, 이 시집의 표제시인, 「그리운 금천錦川」을 읽으며 맺는다.

땅재 산기슭 오두막에서 딸만 낳던 울 어매 날 낳으시고 그렁그렁 '세상다얻은것같다' 며 눈물 씻던 강이다 어매 콩쥐팥쥐 이야기가 도란도란 흐르는 강이다

비석치기 하던 강이다 납작한 돌로 뉘어 던지며 물수제비뜨던 강이다 반질거리는 등짝이 첨벙대던 강이다 '이슬이 동동 구슬이 동동' 폴짝폴짝 뛰면서 튀밥처럼 웃던 강이다

망태기 검잡고 소꼴 베던 강이다 우리황소가 방아거리를 실어 나르던 강이다 아부지 평생 뼈골 빠지게 산 물레방아가 빙글빙글 도는 강이다 아부지 발에 굳은살이 켜켜이 쌓인 강이다 하천의 황무지 돌 골라 논뙈기 만드느라 어매 손에 지문이 다 닳은 강이다 생쌀의 씹는 맛이 쏠쏠했던 강이다

귓불에 찬바람 얻어맞아가며 썰매 타던 강이다 빵구 난 나이론 양말을 구석에 몰래 숨기던 강이다 불깡 센 마른깻단이 얼음에 금 가는 듯 짜작짜작 타던 강이다 대궁으로 뽀얀 연기를 뿜어내던 강 눈시울 뜨겁게 하는 강이다

배 모양을 닮은 큰 바위 위에서 나의 선조(채익하)께서 시를 짓던 강이다 그후 후손들이 지은 '舟巖亭'이 자리 잡고 있는 강이다 배를 붙잡고 있는 비단닻줄이 강물이 되어 흐르는 강이다

—「그리운 금천錦川」 전문

채만희

채만희 시인은 1952년 경북 문경에서 태어났고, 1978년 한국국토정보공사에 입사했다. 2009년 안동지사장으로 명예 퇴임하였고, 2009년『대구문학』에「담쟁이」외 1편이 당선되어 작품 활동을 시작하였다.
채만희 시인의 첫 번째 시집인『그리운 금천錦川』은 풍자와 해학의 정신으로 되어 있으며, 그는 이 풍자와 해학의 정신으로 현대인의 탐욕과 이기심에 대한 성찰과 반성을 촉구한다. 풍자가 이 세상의 그릇됨을 가장 날카롭고 예리하게 베어버리는 것이라면, 해학은 그 그릇됨을 희화화시켜서, 그것이 매우 잘못된 것임을 일깨워 주게 되는 것이다. 풍자는 비극의 원리이고, 해학은 희극의 원리이다. 채만희 시인은 이 풍자와 해학을 통해서, 너와 나, 즉, 우리 모두가 다같이 잘 살 수 있는 '그리운 금천錦川'을 제시해놓고 있는 것이다.

이메일 : manhee96@hanmail.net

채만희 시집

그리운 금천錦川

발　　행 2016년 3월 5일
지 은 이 채만희
펴 낸 이 반송림
편집디자인 김지호
펴 낸 곳 도서출판 지혜
　　　　계간시전문지 애지
기획위원 반경환 이형권 황정산
주　　소 34624 대전광역시 동구 선화로 203-1 2층 도서출판 지혜 (삼성동)
전　　화 042-625-1140
팩　　스 042-627-1140
전자우편 ejisarang@hanmail.net
애지카페 cafe.daum.net/ejiliterature

ISBN : 979-11-5728-170-1 03810
값 9,000원